JÜSP

Die Fussball-Schlacht

© 1983 Buchverlag Basler Zeitung
Druck: Basler Zeitung, 4002 Basel
Gestaltung: Jürg Spahr
Printed in Switzerland

ISBN 3 85815 096 7

Inhalt

Vorwort	7
Die Regeln	11
Die Fans	29
Die Gegner	35
Die Schiedsrichter	47
Die Begriffe	59
Die Torhüter	67
Das Osterturnier	79
Die Meisterschaften	87
Fussballerlei	99

Vorwort

Vielleicht ein Paradoxon: Es gibt Leute, die Witze erzählen, und es gibt Leute, die Humor haben! Jürg Spahr, alias Jüsp, gehört zu der Kategorie der letzteren. Was nicht heissen soll, dass er keine Witze erzählen könnte. Das Entscheidende ist jedoch, dass besagter Humor es nicht zulässt, homerisches Witzgelächter zu provozieren, sondern dem Schmunzeln und jenem Lächeln, das Fältchen in die Augenwinkel legt, den Vorrang gibt. Deshalb ist Jüsp weniger den Karikaturisten, viel mehr denjenigen beizuordnen, deren Zeichenstifte und Tuschefedern die Kunst des Cartoons verehren. Was sich nach dieser Verehrung auf dem Zeichenblatt befindet, sind zielgenaue Striche, die sich zur Form finden. Und diese Form ist Symbol und Zeugnis einer Aussage, die nicht mit grollender Wichtigkeit, sondern mit augenfälligem Schalk auf das Skurrile menschlichen Tuns hinweist.

Dass Jüsp – seit einem Vierteljahrhundert etwa – Sport und Sportler und Sportsmen in seine Striche holt, kommt nicht von ungefähr. Der Sportler ist – in der Ausübung seiner Tätigkeit – geradezu die Idealfigur, dem Cartoonisten Vorwand zu liefern. Es geht nicht darum, Sport und Sportler ins Lächerliche zu bringen (wie käme Jüsp dazu!), es geht darum, jenen falschgetönten Ernst, der in den Zeiten, als der Sport ein Spiel mit froher Lust und guter Laune war, noch keineswegs den Ton bestimmte. Mit Augenzwinkern will deshalb auch der Titel «Fussballschlacht» verstanden sein. Der Zeichner-Autor will damit – als sinniger Auftakt gewissermassen – die schreibenden Kollegen an den Ohren ziehen. Wie er in all seinen Cartoons den Helden selbst am Ohr gezogen hat. Wir wissen: Der Sportjournalismus lebt weitgehend von der Wiederholung all der Klischees, die Montag für Montag, (in neuester Zeit: Tag für Tag) die Sportgazetten füllen. Das Martialische wird zum Dokument des Gewissenlosen, des Gnadenlosen und des Gedankenlosen. Mit der «Schlacht» ist nicht mehr Verdun gemeint, mit der «Bombe» wird nicht mehr an Hiroshima erinnert, die «Front» hat nichts mehr mit jener Front, die Remarque meinte, zu tun. In Dudens «Wortschatz des Sports» steht zu lesen: «Schlacht» – zum Beispiel: «Die beiden Mannschaften lieferten sich eine Schlacht, die recht nach dem Geschmack des Publikums war!» Wobei anzumerken ist, dass das Beispiel tatsächlich auf der Sportseite einer Zeitung zu finden war. Oder: «Bombe» – zum Beispiel: «Müller knallt den Freistoss durch die Mauer hindurch, aber Meier tötet die Bombe!» Oder: «Granate» – zum Beispiel: Müllers Granate aus 20 Metern konnte der Torwart nur kurz abwehren, und Meier staubte zum 3:1 ab!» Und so weiter, und so fort...

Der solches aus beruflichen Gründen lesen muss und zum Aufnehmen sportjournalistischen Jargons gewissermassen verpflichtet wird, versteht Jüspens Buchtitel. Und er gönnt ihm das Spiel mit den kleinen Zynismen. Als man noch mit Bleisoldaten spielte, fand die «Schlacht» auf dem Kindertisch oder im Sandkasten statt. Heute bombt und feuert es auf dem Rasen, der für die meisten zum Mittelpunkt einer Sache geworden ist, die für sie die Welt bedeutet. Was für viele heissen könnte: In jedem Manne steckt ein Kind!

Wer Jüsp kennt (ich kenne ihn aus der Zeit, als das olympische Geschehen noch ein Ding für Sportamateure war), weiss auch, dass ihm nicht nur Kalliope, die Muse der (Sport)-Philosophie zu Patin stand, sondern auch Thalia, jenes koboldartige Wesen, das sich vornehmlich den Komödianten widmet. Nämlich: Während eines – im gesamten gesehen: kürzeren – Lebensabschnitts war Jürg Spahr (damals: Pietro) besagter Thalia verpflichtet. Er gründete und er spielte Cabaret. Der Abstecher auf die Bühne mag den damaligen Jus-Studenten dazu gebracht haben, mit wenigen Worten, dicht und straff, vieles zu sagen. Austauschbar sind jetzt die «Worte». «Striche» sind's geworden.

Für seine Leistungen mit dem Federkiel erhielt Jüsp seine erste Auszeichnung im Alter von 35 Jahren, nämlich 1960 den «Peace Award» in New York. Dann begann sich das Gold zu häufen. 1962 und 1964 mit der «Goldenen Dattel» von Bordighera, im Olympiajahr 1968 am gleichen Festival mit der «Goldenen Palme». 1972 wurde er von einer Kommission des Verbands Schweizer Sportjournalisten als Preisträger und vom Gesamtverband für die künstlerische Arbeit in der Beziehung zum Sport in Basel geehrt. Drei Jahre später waren es die Berliner, die ihm den «Silbernen Heinrich» zuerkannten – was immer das sein oder heissen mag!

Zum Schluss soll daran erinnert werden, dass es einst die National-Zeitung war und zurzeit die Basler Zeitung ist, die ihm olympisches und nicht olympisches Gastrecht auf ihren Seiten gewährt haben. Vor geraumer Zeit war den Zeitungslesern der 1000. Sport-Cartoon vorgestellt worden, was vor allem den Blick auf die Leistungsfähigkeit des Künstlers Jürg Spahr – in allen Belangen – richten soll. In tausend Wochen sich tausendmal mit dem Sportgeschehen auseinanderzusetzen, verlangt Unerbittlichkeit – den Betrachtern und sich selbst gegenüber... Werner Hartmann

Die Regeln

Der Einwurf

Verlässt der Ball die Seitenlinie, kommt es zum sogenannten «Einwurf». Hierbei gilt es, folgende Regeln zu beachten:
Regel 1: Es muss unter allen Umständen versucht werden, den Einwurf für sich zu reklamieren. Entschlossenes Handeln, süffisantes Benehmen gegenüber dem Gegner und eine gehörige Portion Arroganz tragen meist dazu bei, den Schiedsrichter davon abzuhalten, den richtigen Entscheid zu fällen.
Regel 2: Nie und nimmer soll der Ball dort eingeworfen werden, wo er das Spielfeld tatsächlich verlassen hat. Raumgewinn heisst hier die Parole. Schnelligkeit, gute Beinarbeit und ein gewisses Gespür dafür, wieviel es leiden mag, können einiges Terrain in Richtung gegnerisches Tor gutmachen.

1 m zurück!

Der Freistoss

Wird ein Foul begangen (egal, ob es sich dabei um ein einfaches, grobes oder sackgrobes handelt), diktiert der Unparteiische einen «Freistoss». Der Name sagt es: Für eine kurze Spanne Zeit soll ein Spieler den Ball frei stossen dürfen, ohne dass Gegenspieler ihn dabei behindern. Wer den Freistoss tritt, legt sich erst mal den Ball «zurecht», also nie dorthin, wo das Foul geahndet wurde. An jener Stelle nämlich ist das Gras meist zu dünn, das Terrain abfallend oder es weist andere Mängel auf. Daher wird stets ein Flekken gewählt, der einige Meter näher beim gegnerischen Tor liegt.

In der Zwischenzeit hat der Gegner – sofern sich die Sache in Tornähe abspielt – eine Abwehrmauer formiert. Hierbei ist immer wieder ein Phänomen zu beobachten: Fussballspieler, die im allgemeinen intelligente, aufgeweckte Burschen sind, versagen total, wenn es darum geht, eine Distanz von neun Metern abzuschätzen. Eine Mauer, die sich auf Anhieb an der richtigen Stelle aufpflanzt, hat es in der ganzen Fussballgeschichte noch nie gegeben. Und seltsamerweise wird diese Distanz immer zu kurz eingeschätzt. Mit viel Geduld und Gepfeife, durch wildes Gestikulieren und durch Abschreiten der Strecke muss der Schiedsrichter jeweils die Leute an den richtigen Platz weisen. Bis es soweit ist, vergehen Minuten. Offenbar fällt Fussballspielern nichts schwerer als rückwärts zu schreiten. Na ja, Fussball ist schliesslich ein Angriffsspiel.

Der Eckball

Geht der Ball hinter die Torlinie, wobei er noch von einem Spieler dieser Platzhälfte berührt wurde, kommt es zu einem «Eckball». Auch hier gilt das eherne Gesetz, eine offensichtliche Corner-Situation niemals freiwillig zuzugeben. Mit Vorteil reisst man gleich mal den Arm hoch um anzudeuten, dass es seitens des Unparteiischen vollkommen lächerlich wäre, dem Irrglauben zu frönen, einen Eckball pfeifen zu müssen. Der Torwart kann seinerseits zur raschen Klärung der Lage beitragen, indem er sich sofort den Ball angelt, ihn mit grösster Selbstverständlichkeit auf die Torraumlinie setzt und wegkickt.

Ein Eckball birgt stets die Möglichkeit eines Tores in sich, ist daher für die einen unerwünscht und von Vorteil für die anderen. Diese andern machen darum das pure Gegenteil: Auch sie reissen die Arme hoch, holen den Ball und legen sich ihn ungefragt bei der Cornerflagge zurecht. Eine überzeugende schauspielerische Leistung hat schon oft zur verdienten Unterstützung durch den Schiedsrichter geführt.

Der Penalty

Wird ein Spieler innerhalb des Strafraumes regelwidrig «gelegt», verhängt der Schiedsrichter einen «Penalty». Was sich in der Folge rund um den Elfmeterpunkt abspielt, entschädigt die Zuschauer in hohem Masse für manch flaue Spielperiode vor und nach dem Strafstoss. Die Dramaturgie ist einer Salzburger Festspielinszenierung würdig:

Akt 1: Das «gefällte» Opfer wälzt sich qualvoll am Boden und bleibt so lange liegen, bis feststeht, dass sich die Mühe gelohnt hat. Die Verhängung des Penaltys bewirkt eine augenblickliche Linderung aller Schmerzen, das Opfer steht leichtfüssig auf und hüpft völlig beschwerdefrei davon. Könner allerdings reiben sich noch etwas die Knöchel und humpeln stilgerecht ein paar Schritte, ehe sie in den normalen Lauf verfallen.

Akt 2: Der Schiedsrichter läuft mit vorgestrecktem Zeigefinger auf den Elfmeterpunkt zu. Ballettartig gruppiert sich die gesamte penalisierte Mannschaft um ihn herum und versucht, ihn am Erreichen dieses Punktes zu hindern. Dabei setzt sich in der Regel der Penaltysünder gross in Szene. Wieviel Bühnentalent mitunter auf dem dürren Rasen vergeudet wird, hat schon manchen Regisseur nachdenklich werden lassen: Da zeigt ein Akteur die ganze Skala seiner Empfindungen von Ungläubigkeit über Unschuldsbeteuerung bis hin zu schierer Verzweiflung in höchster mimischer Perfektion und sieht sich trotzdem durch den Pfeifenmann missverstanden und verraten! Diesem dramatischen Höhepunkt folgt der in seiner Schlichtheit ergreifende Abgang des Hauptdarstellers: Zerknirscht verlässt er den 16er Raum, mit einer nur halb angedeuteten Geste gibt er kund, dass er die Welt nicht mehr verstehe... Dann spuckt er kräftig auf den Rasen und das Spiel geht weiter.

Der Torschütze

Wohl zum Besten im ganzen Fussballgeschehen gehören die Vorstellungen, die nach erfolgreichem Abschluss von den Torschützen gegeben werden.
Je nach Temperament unterscheiden sich die Akteure in ihren Szenarien: Der eine jagt den im Tor liegenden Ball mit Emphase nochmals ins Netz. Ein anderer lässt sich auf die Knie fallen, schüttelt bei angewinkelten Armen seine Fäuste und schaut triumphierend gen Himmel. Der publikumsbewusste Skorer wiederum macht mit Arm und Faust die bekannte Knockout-Geste, rennt am Tor vorbei, präsentiert sich seinen Fans und lässt sich als strahlender Sieger feiern.

Vom Freudenschrei bis zum Purzelbaum reichen weitere Varianten, seiner Freude über ein geglücktes Goal Ausdruck zu verleihen. Unausweichlich aber ist das von seinen Kameraden eingehaltene Ritual: Der Torschütze wird stürmisch umringt, gepufft, gehätschelt, getätschelt und vernascht, mitunter brutal zu Boden gerissen und geradezu malträtiert. Man muss die Tore eben feiern wie sie fallen.

0:3

Die Fans

Die Gegner

Italien

Die Basken

FC Basel

Norwegen

Finnland

Spanien

Türkei

Ajax Amsterdam

England

Mexico

Holland

Deutschland

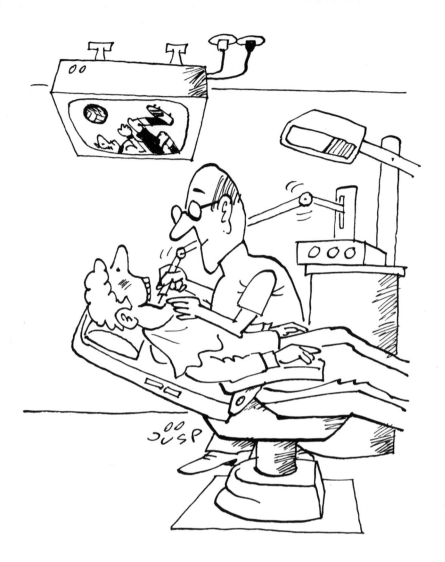

Die Schiedsrichter

Das Schiedsrichter-Trio

Die Begriffe

Eine Ecke treten

Der Linienrichter

Abseits

Faul

Die Offside-Falle

Der Flügelstürmer

Der Ausputzer

Der Torsegen

Torloses Spiel

Fallrückzieher

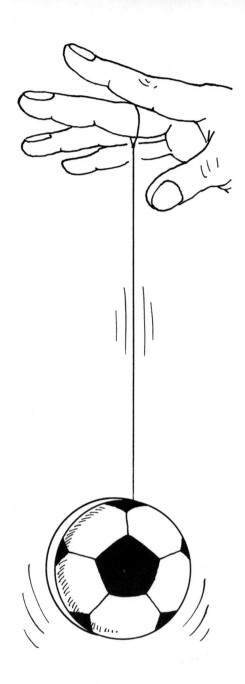

Die Torhüter

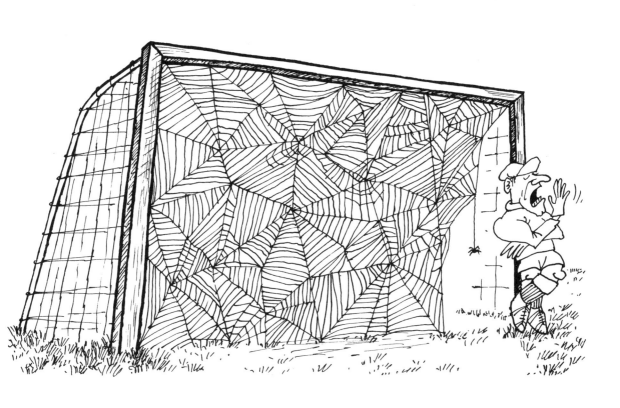

Das Osterturnier

Europacup

Die Meisterschaften

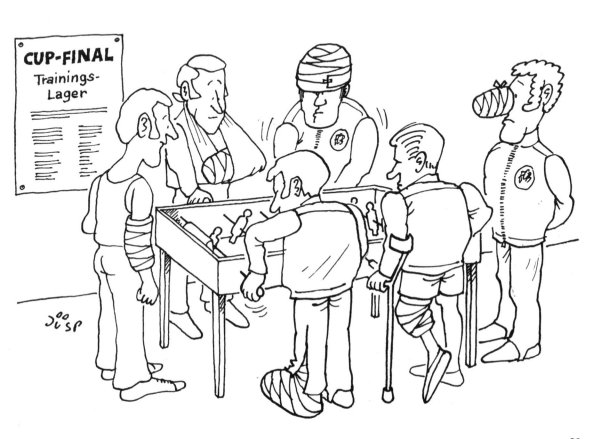

Veteranen-Match

Damen-Fussball

Die Anbetung des Balles

Fussballerlei

Fussballon

Fussballerina

Fussball ist Trumpf

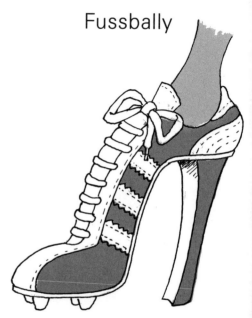

Fussbally

Steinzeitlicher Torhüter

Fussballtorte

Alligatorhüter

Fussballeinseligmachend

Patch-Ball

Fussballpilz

Carnet de (foot)bal

Fussballergie

Das Stufenalter
des Spitzensportlers

Nach der Schlacht